AF243645

LES

CONTEMPORAINS

REVUE BIOGRAPHIQUE

Des hommes du jour,

PAR UNE SOCIÉTÉ D'HOMMES DE LETTRES

FRANÇAIS ET ÉTRANGERS.

PARIS

EN VENTE A L'ADMINISTRATION GÉNÉRALE,

Rue Notre-Dame-de-Lorette, 17,

ET CHEZ TOUS LES PRINCIPAUX LIBRAIRES.

—

1845.

LES
CONTEMPORAINS

NOTICE BIOGRAPHIQUE

SUR LA VIE ET LES TRAVAUX ARTISTIQUES
ET SCIENTIFIQUES

DE

M. GEORGES KASTNER.

On ne sait ce qu'on doit le plus estimer dans les musiciens, ou du génie qui invente, agrandit, perfectionne, enseigne les règles de l'art, ou du génie qui, en appliquant ces précieuses règles, crée des œuvres qui nous enchantent, ou sait traduire et rendre les beautés inspirées des grands maîtres. Que si tant d'hommages sont dus à chacun de ces motifs en particulier, combien n'en doit-on pas davantage à leur adorable réunion! Malheureusement, cette réunion est rare parmi nous; mais plus elle l'est, plus sont dignes d'admiration ceux de nos compatriotes qui en présentent le phénomène, comme le brillant artiste auquel nous consacrons cette notice.

M. Georges Kastner, né à Strasbourg (Bas-Rhin), le 9 mars 1810, d'une famille française, donna, dès sa première enfance, des marques visibles d'une vocation prononcée pour la musique. A six ans, il eut un maître de piano, et à dix, il fut appelé à toucher l'orgue, les jours de fête, dans l'église d'une ville voisine de Strasbourg. Sans nuire à ses études musicales, il suivait régulièrement les cours du collége de sa ville natale. C'est dans ce collége qu'il reçut des leçons de solfége et de chant. Il apprit seul l'harmonie. Convaincu de bonne heure qu'un compositeur doit connaître à fond le mécanisme et les ressources de tous les instruments, afin d'être à même d'en faire un usage convenable, le jeune Kastner se mit à étudier successivement chacun d'eux, soit d'après des méthodes spéciales, soit en interrogeant sur ce sujet des artistes de mérite qu'il avait occasion de voir. Plus tard, en 1827, il reçut des leçous d'instrumentation du maître de chapelle Maurer. J. C. Rœner lui enseigna, en 1829, le contre-point double et la fugue! Ce qui prouve que, chez lui, les études littéraires marchaient du même pas que les études musicales, c'est que ce fut cette année là qu'il se fit recevoir *bachelier ès-lettres.*

Comme sa famille jouissait d'une position indépendante, M. Kastner eut tout le loisir de méditer sur l'art qu'il adorait, et d'amasser ces merveilleux trésors d'érudition et de science qu'il répandit depuis si profusément dans ses écrits sur la musique.

En 1835, il prit la résolution de venir vivre à Paris,

où il n'ignorait pas que le goût et la science de la musique commençaient à se répandre ; ce qui était vrai, — pour notre bonheur ! car, où trouver, mon dieu ! un art qui apporte de plus délicieuses jouissances à nos âmes, à nos sens, qui contribue, par conséquent, plus largement à notre félicité ?

Nous devons à la résolution de M. Georges Kastner l'avantage de posséder parmi nous un grand artiste et un savant musicien de plus. Ce compliment, si compliment il y a, est du moins on ne peut mieux mérité, comme on va le voir.

A peine établi parmi nous, l'illustre artiste, qui s'était empressé de solliciter les conseils de Reicha et de Berton dont il était bientôt devenu l'ami, fit marcher de front les travaux de composition et de science musicales.

Tout le monde se souvient de cette grande composition religieuse (*le Dernier Roi de Juda,* opéra biblique en deux parties) qu'il fit exécuter en 1844, à Paris. Les amateurs et artistes de bonne foi y reconnurent unanimement les divers mérites propres à ce genre de musique : une mélodie empreinte de gravité, de tristesse, de deuil, de grandeur, de majesté, puis une harmonie savante, riche, large, puissante, enfin une constante solennité d'accents qui exprimaient avec force l'infortune d'un roi et d'un peuple dont un cruel despotisme brisait l'existence politique, et qu'il emmenait eu esclavage.

C'était là, évidemment, de la musique dramatique, et qui couronnait dignement celle que l'auteur avait déjà écrite, pour le théâtre, sous les titres suivants :

Ouverture, chœurs, marches et entr'actes de *la Prise de Missolonghi*, tragédie en cinq actes.

Ouverture, chœurs, marches et entr'actes du *Schreckenstein*, drame en cinq actes.

Gustave Wasa, grand opéra allemand, en cinq actes.

La Reine des Sarmates, grand opéra allemand en cinq actes.

La Mort d'Oscar, grand opéra allemand en quatre actes.

Le Sarrasin, opéra-comique allemand en deux actes.

Béatrice, grand opéra allemand en deux actes.

La Maschera, opéra-comique français en deux actes.

De pareilles compositions étaient bien faites sans doute pour appeler l'attention sur leur auteur, et c'est ce qui arriva. Mais M. Kastner trouva le secret d'ajouter singulièrement encore à sa réputation de compositeur par ses œuvres de *musique vocale et instrumentale*; œuvres dont l'énumération ci-après achèvera de prouver la fécondité de l'auteur, la variété de son talent et son infatigable dévouement à un art auquel il doit une si belle renommée.

I.

Trois symphonies, à grand orchestre.
Cinq ouvertures, à grand orchestre.

Dix sérénades, pour harmonies.

Quatre hymnes, avec chœurs et accompagnement d'orchestre.

Trente marches et pas redoublés pour musique militaire (infanterie et cavalerie).

Deux grandes cantates avec accompagnement d'orchestre.

II.

RECUEILS DIVERS.

Introduction à la Bibliothèque chorale, ou vingt-petits morceaux faciles, à une et à deux voix, composés pour les écoles.

Bibliothèque chorale, ou vingt-quatre duos, vingt-quatre trios et vingt-quatre quatuors, à l'usage des pensionnats.

Suite de *Cantiques,* arrangés à trois voix.

Heures d'Amour, six quatuors allemands pour deux ténors et deux basses.

Chansons alsaciennes, pour deux ténors et deux basses.

Six Chœurs, à trois voix égales, composés pour les pensionnats et les écoles de musique.

III.

COMPOSITIONS DÉTACHÉES.

Grande Cantate, pour deux ténors et deux basses, avec accompagnement de piano.

La Veuve du Marin, pour soprano....

Le Nègre, pour ténor.

Le Proscrit, pour ténor.

Pensées d'amour, pour baryton.

Le Barde, pour basse.

Judas, pour basse.

Ces six derniers morceaux sont des scène dramatiques.

ROMANCES ET MÉLODIES.

Le jeune Aveugle.

Elle est si jolie!

Le mobile de tout.

Mes Muses et mes Amours.

L'Orphelin.

Les derniers Moments d'un Artiste.

Le Vétéran.

Sur le Rocher.

La Séparation.

Le Rêve de Marguerite.

Le Sourire.

Dans la Forêt.

Le Chasseur de Chamois.

Ce qu'il faut au poète.

Viens !

C'est tout ce que je veux.

Lise au rouet.

Première plainte.

Elle !

La Fleur desséchée.

Jetzt bist du frei.

Le Départ pour la Chasse, nocturne pour soprano et ténor.

IV.

MORCEAUX POUR DIVERS INSTRUMENTS.

Trois recueils de valses, pour le piano.

Six valses allemandes, pour le piano,

Valses et galops de Strasbourg (trois suites), pour le piano.

Ervinia, grande valse brillante, pour le piano.

Vergiss mein nicht (Ne m'oublie pas!), grande valse brillante, à quatre mains, pour le piano.

Concerto, pour le piano.

Études et morceaux faciles, pour le piano.

Variations concertantes sur un thème original, pour piano et flûte; *idem,* pour piano et flageolet; *idem,* pour piano et cornet à pistons; *idem,* pour piano et violon; *idem,* pour piano et clarinette.

Voilà, certes, de brillants, d'incontestables titres à l'estime des amis de la musique.

Et pourtant M. Kastner ne se recommande pas moins à cette estime par les nombreux ouvrages didactiques qu'il a composés. Rien ne prouve mieux leur mérite et leur utilité que l'approbation dont l'Institut royal de France les a tous honorés, et l'adoption que le Conservatoire royal de Musique a faite de plusieurs d'entre eux pour l'enseignement dans la classe de composition. Les voici dans leur ordre de publication :

Traité général d'instrumentation, comprenant les propriétés et l'usage de chaque instrument, précédé d'un résumé sur les voix.

Cours d'instrumentation considérée sous les rapports poétiques et philosophiques de l'art.

Grammaire musicale, comprenant tous les principes élémentaires de musique, la mélodie, le rhytme, l'harmonie moderne et un aperçu succinct des voix et des instruments, à l'usage des artistes.

Théorie abrégée du contrepoint de la fugue.

Méthode élémentaire d'harmonie appliquée au piano, suivie d'un aperçu de l'accompagnement et de la transposition à l'usage des pianistes.

De la composition vocale et instrumentale, ou description détaillée des règles, des formes, de la coupe et du caractère de toute espèce de compositions musicales, accompagnée de notes historiques et critiques.

L'auteur a joint à ses *traités d'instrumentation* de précieux *suppléments*, rendus nécessaires par les perfectionnements apportés à quelques instruments anciens et par les inventions nouvelles qu'on a introduites. Nous jugeons ces suppléments indispensables aux personnes qui possèdent déjà l'important ouvrage auquel ils se rattachent.

M. Georges Kastner a encore prolongé la série de ses ouvrages didactiques.

1° Par *douze méthodes élémentaires* de chant, du

piano, du violon, de flageolet, de flûte, de cornet à pistons, de clarinette, de cor, de violoncelle, d'ophicléide, de trombone et de hautbois.

2° Par une méthode complète et raisonnée de *timbales*.

3° Par un tableau synoptique de *lecture musicale*.

4° Par des tableaux analytiques des *principes élémentaires de la musique*.

5° Par des tableaux analytiques de l'*harmonie*.

6° Par des tableaux des principaux *instruments et des voix*, comprenant leur diapazon, leur étendue et leur coïncidence.

La France musicale, un journal qui se distingue par une rédaction si sensée et si impartiale, appréciait naguère les *Méthodes élémentaires* de M. Kastner d'une manière si conforme à notre propre opinion, que nous n'hésitons pas à transcrire ici la partie la plus caractéristique de cette juste appréciation.

« Au lieu de séparer, disait la *France musicale*,
» comme on l'a fait dans les méthodes précédentes,
» les principes des exemples et des applications,
» Kastner, voulant mettre l'élève à même d'analyser
» ce qu'il apprend, a corroboré chaque précepte par
» des exemples et des démonstrations pratiques. Ses
» définitions sont à la fois simples, claires et logiques.
» Les divisions par chapitres sont dans l'ordre le plus
» parfait et doivent nécessairement conduire l'élève,
» comme par la main, du connu à l'inconnu. Enfin,
» parmi les innombrables matériaux qui se présen-
» taient pour un travail de ce genre, Kastner a su

» faire un choix judicieux, en n'admettant que les
» choses indispensables, sans jamais cesser d'être
» complet.

» La seconde partie de ses méthodes est entière-
» ment consacrée au développement pratique des
» principes et des exemples renfermés dans la pre-
» mière, c'st-à-dire au perfectionnement de l'exécu-
» tion. Dans cette seconde partie le compositeur a
» pu se dédommager des rudes travaux du théoricien,
» en écrivant avec une inspiration facile et soutenue
» une foule de petites mélodies graduées et toujours
» intéressantes, dont les qualités de stile et de fac-
» ture ne se trouvent pas toujours dans des ouvrages
» d'un ordre plus élevé. Des morceaux de Rossini,
» d'Auber et de Véber, fort bien adaptés aux instru-
» ments et aux forces de l'élève, enrichissent encore
» cette seconde partie, qui se termine par des pièces
» plus difficiles, spécialement composées par Kastner
» pour l'instrument qui fait l'objet de la méthode.

» Nous citerons, entr'autres les variations concer-
» tantes pour flûte et piono, et celles très brillantes
» pour flageolet et piano.

» La méthode de chant, qui mériterait à elle seule
» un article spécial, est dignement terminée par six
» quatuors pour soprano, alto, ténor et basse, dans
» lesquels l'auteur a su allier le charme d'une pensée
» agréable ou ingénieuse à la science des combinai-
» sons harmoniques. »

Une chose qui étonne, quand on réfléchit au
nombre si considérable des œuvres diverses de

M. Kastner, c'est qu'il ait trouvé le temps d'écrire dans une multitude d'ouvrages ou journaux, la plupart consacrés à la musique. Il n'est pourtant rien de plus vrai que son concours fréquent à ceux dont voici les titres : *Revue et Gazette musicales de Paris*, *Ménestrel*, *Revue étrangère*, *Iris*, *Ancienne Gazette musicale de Leipsig*, *Nouvelle Gazette musicale de Leipsig*, *Annales de l'Association musicale allemande*, *Journal musical de Vienne*, *Revue des dillettantes de Carlsruhe*, *Cœcilia, revue musicale de Manheim*; *Dictionnaire universel de musique*, publié par Schilling ; *Bulletin musical*, etc.

Tant de travaux, de science et de mérite rendent raison des titres qu'il a reçus dans ces derniers temps, de membre de l'*Association musicale allemande*, de *docteur en philosophie et en musique* (université de Tubingen), de membre de l'*Académie royale des beaux-arts* de Berlin, et de l'*Académie de Sainte-Cécile* de Rome.

Et, ce qui est bien fait pour ajouter à l'estime qu'il mérite, c'est qu'en 1842 il a été l'un des quatre premiers fondateurs de la *Société des Artistes Musiciens*, présidée par M. le baron Taylor, et l'un des membres du comité de cette association dont le but est de secourir les musiciens malheureux.

Maintenant, revenant sur les compositions musicales de M. Kastner, nous dirons que ce qui les caractérise à nos yeux, c'est la largeur et l'élégance, la sience et la correction, puis une abondance souvent originale et gracieuse.

Cependant nous savons des gens qui, ne pouvant contester son immense érudition et son profond savoir, ont jugé sa musique plus difficile que naturelle, plus savante qu'inspirée. Mais peut-être est-ce là un jugement dicté par la prévention ou l'envie. Qui ne sait combien il est difficile à certains hommes de reconnaître l'alliance de la science et de l'imagination dans le même artiste? comme si la science et l'imagination s'excluaient nécessairement l'une l'autre! ou comme si, lorsque le phénomène heureux de leur alliance vient à se rencontrer dans un artiste, la même gloire fût interdite aux autres! Pour nous, qui nous croyons tout aussi sensible que qui que ce soit aux beautés musicales, nous croyons sincèrement M. Georges Kastner doué des qualités qui font le brillant compositeur et le savant théoricien.

Imprimerie d'Amédée Saintin, rue Montmartre, 76.
(E.le Laloubère et C.ie).